AF601423

Index

1. El Reino de los Canguros

pages 1 - 28

2. ¡Magia potagia!

pages 29 - 60

3. ¿Has visto mi diente?

pages 61 - 86

4. Actividades

pages 87 - 102

You Tube HeySpanish

SCAN ME

iTunes

SCAN ME

Spotify

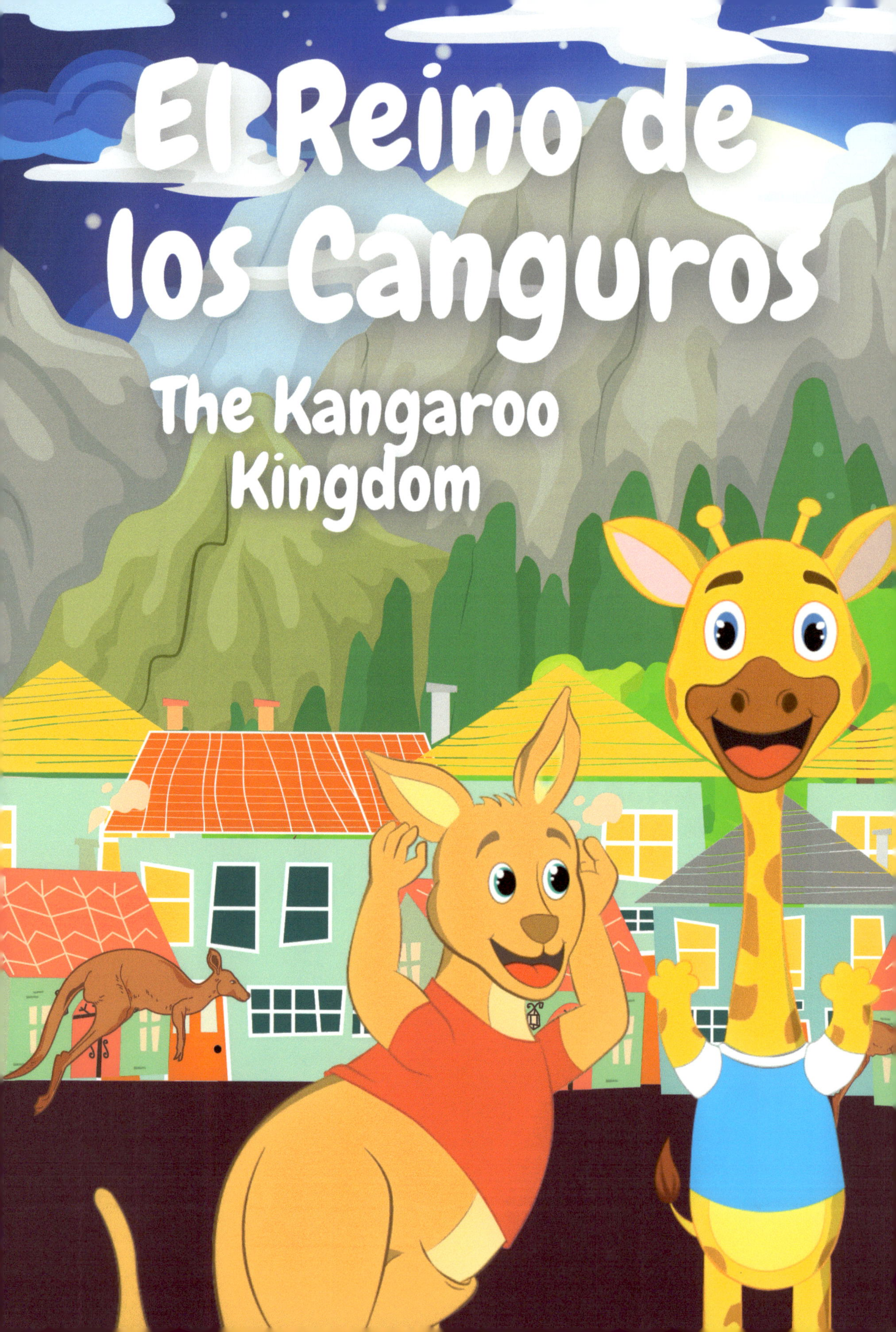
El Reino de los Canguros
The Kangaroo Kingdom

Una bonita mañana, Pepe y sus amigos decidieron dar un paseo por el bosque encantado.

It was a beautiful morning, Pepe and his friends decided to go for a walk in the haunted forest ,

Todos iban muy contentos, jugando al "veo, veo".
Es el juego favorito de Pepe y su mamá.

They were all very happy playing "I spy".
It's Pepe's and his mum's favourite game.

**Estaban tan distraídos jugando que... ¡oh, no!
Se habían perdido sin darse cuenta.**

They were so distracted playing that... They got lost without realising.

¡No os preocupéis, chicos! Seguro que encontráis el camino de vuelta a casa. Es hora de explorar...

Don't worry guys! You'll find your way home. It's time to explore...

Mientras intentaban encontrar el camino, vieron a lo lejos un canguro que estaba recogiendo manzanas.

While they were trying to find their way home, they saw a kangaroo that was collecting apples.

A lo mejor puede echarles una mano... ¡Canguro!
¡Espera, por favor! ¡Necesitamos tu ayuda!

Maybe the kangaroo can help them.
Kangaroo! Wait, please! We need help!

La canguro Lulu, se puso muy contenta de ver nuevos exploradores. Siempre está dispuesta a ayudar.

Lulu the kangaroo was very happy to see new explorers. She's always happy to help.

Pero como estaba anocheciendo, les invitó a todos a pasar la noche a su reino... ¡El Reino de los Canguros!

As it was getting dark, she invited everyone to spend the night in her kingdom. The Kangaroo Kingdom!

Todos siguieron al canguro mientras se comían una rica manzana. ¡Tenían tanta hambre!

They all followed the kangaroo while they were having some tasty apples. They were so hungry!

Entonces, vieron la salida del bosque. ¡Por fin! ¡Lo habéis conseguido, chicos!

Suddenly, they saw the end of the forest. Finally! You have got it guys!

Hacía un día estupendo. El sol brillaba en lo alto del cielo, y nuestros amigos saltaban de alegría.

It was a beautiful day. The sun was shinning in the sky and our friends were so cheerful that they were jumping for joy.

¡Mirad, chicos! ¿Qué es eso? ¿Es un castillo? ¡Sí! ¡Vamos, vamos! El camino es por allí...

Look guys! What is that? Is it a castle? Yes! Let's go! The way is over there ...

¡Bien! ¡Ya hemos llegado al reino! ¡Cuántos canguros! Todos estaban muy sorprendidos.

Great! We've got to the kingdom! Look at all of those kangaroos. They were all very surprised.

Muy alegres, empezaron a prepararse para la fiesta más grande del año...

They were very cheerful, they started getting ready for the biggest party of the year.

En esta fiesta, hay mucha comida, globos, confeti, fuegos artificiales... y lo más importante: ¡Mucha música!

At the party there was a lot of food, balloons, confetti, fireworks, and the most important thing, a lot of music!

Todos los canguros celebran esta fiesta con su famoso baile... ¡El baile del canguro! ¡Sí! ¡Qué emoción!

All the kangaroos celebrate this party with their famous dance. The kangaroo dance!

Con la llegada de la noche, los fuegos artificiales adornaban el cielo con sus diversos colores. ¡Qué bonito!

At night time, the fireworks decorated the sky with their diverse colours. So beautiful!

Se acerca la hora del gran baile...
¿Estáis listos para mover el esqueleto?

It was almost time for the big dance.
Are you ready to move your body?

Mueve la cabeza, mueve los pies,
mueve la cadera, una y otra vez...

Move your head, move your feet,
move your hips, and once again...

...mueve los brazos, arriba y abajo,
arriba y abajo. Un, dos, tres.

Move your arms, up and down,
up and down. One, two, three.

Entonces, llegó la mejor parte...
¡Todos empezaron a saltar al ritmo de la canción!

Then it was the best part...They all started jumping to the rhythm of the song!

Se lo estaban pasando tan bien, que ya no tenían ganas de volver a casa. ¡Qué la fiesta no pare!

They were having such a good time that they didn't want to go home. Don't stop the party!

Después de bailar toda la noche, el sol salió por detrás de las montañas. Con el amanecer, la fiesta se terminó.

After dancing all night, the sun came out from behind the mountains. At dawn, the party finished.

Todos estaban listos para emprender
su camino de vuelta a casa. ¡No estéis tristes!
Pronto habrá más aventuras.

They were all ready to go back home.
Don't be sad! We'll have more adventures soon.

La canguro Lulu les enseñó el camino de vuelta.
Se hicieron grandes amigos.

Lulu the kangaroo showed them the way home.
They became great friends.

Todos los canguros fueron a despedir a sus nuevos amigos. ¡Hasta otro día! ¡Muchas gracias!

All the kangaroos went to say goodbye to their new friends. See you soon! Thank you!

La canguro Lulu le dio a Pepe un mapa del bosque para que supiera como volver al reino.

Lulu the kangaroo gave Pepe a map of the forest so that he knew how to get back to the kingdom.

¿Cuál será la siguiente aventura?
Pasa la página y lo verás...

What will be their next adventure?
Turn the page and you'll see.

¡Magia
Potagia!

Después de pasárselo tan bien en el Reino de los Canguros, Pepe y su pandilla decidieron volver.

After having a great time at the Kangaroo Kingdom, Pepe and his friends decided to go back.

Gracias al mapa que Lulu les había regalado, esta vez conocían perfectamente el camino. ¡Hoy no se perderán!

Thanks to the map that Lulu gave them, now they knew the way. They won't get lost this time.

Mientras iban caminando por el bosque, escucharon un ruido y decidieron acercarse para ver qué pasaba.

While they were walking in the forest they heard a noise and decided to get closer to see what was happening.

¡Oh! ¡Qué sorpresa! ¡Un unicornio! ¿Alguna vez habéis visto un unicornio? ¡Me encantan los unicornios!

Oh! What a surprise! An unicorn! Have you ever seen an unicorn? I love unicorns!

¿Sabéis que los unicornios son mágicos? Cada vez que estornudan, llueven estrellas de muchos colores. ¡Aaaaaachís!

Did you know that unicorns are magic? Every time they sneeze, lots of stars with different colours appear. Aaaaachu!

El unicornio se puso muy contento al conocer a Pepe y sus amigos, por eso, decidió darles un regalo...

The unicorn was very happy to meet Pepe and his friends so he decide to give them a present.

¡UNA VARITA MÁGICA! ¡Qué chulo!
¡Muchas gracias! ¡Hasta pronto, unicornio!

A MAGIC WAND! How cool! Thank you!
See you soon unicorn!

Ana la rana agitó la varita y dijo las palabras mágicas...¡Abracadabra, pata de cabra!

Ana the frog shaked the wand and said the magic words... Abracadabra, pata de cabra!

Entonces, no os váis a creer lo que pasó...
¡Magia potagia!

You're not going to believe
what happened next...Magic!!

Todas las manzanas se volvieron de colores. Son manzanas arcoiris... ¿Quién quiere una? ¡Yo!

All the apples changed their colours. They are rainbow apples. Who'd like one? Me!!

Me pregunto qué otros trucos mágicos podemos hacer con esta varita... ¡Vamos a descubrirlo!

I wonder what other magic tricks we can make with this wand. Let's find out!

Todos juntos siguieron caminando hasta que llegaron al río, pero... ¿dónde está el puente?

They all kept walking until they got to a river, but... where is the bridge?

Sin puente no podremos cruzar el río...
¡Nos vamos a mojar! ¿Qué podemos hacer?

Without a bridge we can't cross the river...
We're going to get wet. What can we do?

Pepe agitó fuertemente la varita mágica y...
¡BADABÚM CHIM PUN!

Pepe shaked the wand strongly and...
BADABUM CHIM PUN!

De la varita salió un arcoiris enorme y precioso, y con él formaron un puente para cruzar el río.

A huge and beautiful rainbow came out of the wand creating a bridge to cross the river.

Muy contentos, Pepe y sus amigos cruzaron el puente mágico de arcoiris. ¡Qué divertido!

Pepe and his friends, very happily, crossed the magic rainbow bridge. How fun!

Ahora pueden seguir andando hacia el Reino de los Canguros mientras descubren otros trucos mágicos.

Now they can keep walking to the Kangaroo Kingdom while they discover other magic tricks.

Cuando estaban a punto de llegar,
¡qué frío! ¡parece invierno! Se puso a nevar...

When they were about to arrive, It's so cold!
It feels like winter! It started snowing.

¿Ahora qué hacemos? ¡No hemos traído abrigos ni guantes! Tampoco botas ni bufanda.

What can we do now? We didn't bring our coats or gloves, boots or scarf either!

En pocos minutos todo el paisaje se llenó de nieve.
¡Qué bonito! Pero...¡Queremos que salga el sol!

In a few minutes, the whole scene was full of snow.
How beautiful! But...We need the sun!

¡No pasa nada! Luis agitó la varita y dijo las palabras mágicas... ¡Abracadabra pata de cabra!

Don't worry! Luis shaked the wand and said the magic words...Abracadabra pata de cabra!

De repente, salió el sol y con él llegó el verano.
¡Me encanta la magia!

Suddenly, the sun came out and the summer arrived. I love magic!

Pepe y los demás continuaron su camino para enseñar a sus amigos los canguros sus nuevos poderes.

Pepe and the rest continued to show their friends, the kangaroos, their new superpowers.

Al llegar al reino, Lulu les recibió con un plato lleno de galletas de chocolate. ¡Qué ricas!

When they got to the kingdom, Lulu welcomed them with a plate full of cookies. How tasty!

Todos tenían mucha hambre.
¡Qué buena amiga es Lulu! ¡A comer!

They were all very hungry.
Lulu is such a good friend. Let's eat!

A Rafa la jirafa le gustan tanto las galletas, que agitó la varita mágica y... ¡Tachán!

Rafa loves cookies so much that he shaked the wand and...Tachan!

¡Galletas gigantes para todos!
¡Qué gran idea, Rafa!

Giant cookies for everyone!
What a great idea, Rafa!

Rafa consiguió que las galletas se hicieran tan grandes o incluso más que las casas!

Rafa managed to make the cookies so big that they were even bigger than the houses!

Ahora todos los canguros del reino podrán comer todas las galletas que quieran.

Now all the kangaroos in the kingdom will be able to eat as many cookies as they want.

Después de un día mágico, nunca mejor dicho,
llegó la hora de despedirse. Pepe
y sus amigos tenían que volver a casa.

After a magical day, it was time to say goodbye.
Pepe and his friends had to go home.

¡Qué maravilla! ¿Qué otra aventura mágica les espera ahora? ¡Vamos a verlo!

How wonderful! What other magical adventures will they have now? Let's see!

¿Has visto mi diente?
Have you seen my tooth?

Pepe y sus amigos estaban desayunando muy contentos. Todos juntos cantaban a coro la canción del desayuno.

Pepe and his friends were enjoying breakfast . They we all singing the breakfast song.

Zumo de naranja, leche con cereales, tostadas con mermelada de fresa, fruta... ¡Qué aproveche, chicos!

Orange juice, milk with cereal, slices of toast with strawberry jam and fruit... Enjoy, guys!

De repente, el mono Luis notó algo raro en su boca mientras comía su plátano.

Suddenly, Luis the monkey noticed something weird in his mouth while he was eating a banana.

¡Ay, ay, ay!
Todos estaban muy preocupados al verle quejarse.
¿Qué te pasa, Luis? ¿Estás bien?

Ay, ay ay! They were all very worried to see him complain. What's going on, Luis? Are you ok?

¡Claro! Luis tenía un diente flojo que estaba a punto de caerse, y al morder el plátano....

Of course! Luis had a wobbly tooth that was about to fall and when he bit the banana...

¡Chasss! ¡Se le cayó al fin!
Esta noche vendrá el ratoncito Pérez
con una moneda de oro.

Boop! The teeth finally fell. Tonight Perez the little mouse will come with a gold coin.

Esa noche Luis se fue a la cama muy contento, colocando su diente debajo de la almohada.

That night Luis went to bed very happy, and he put the tooth under his pillow.

¿Se acordará el ratoncito Pérez de llevarle su moneda? ¡Espero que sí! ¡Pérez nunca falla!

Will Perez the little mouse remember to bring him a coin? I hope so! Perez always delivers!

A la mañana siguiente.... ¡Sí! una moneda de oro solo para mí. ¡Qué suerte tengo!

The next morning...Yes! a gold coin only for me! I'm so lucky!

Además, Luis se llevó una sorpresa maravillosa. ¿Sabes qué otros regalos le dejó el ratoncito?

Also Luis got another suprise. Do you know what other presents the little mouse left him?

Pérez, le dejó al mono Luis un mapa que le llevaría a su hogar, el castillo de los dientes.

Perez left Luis the monkey a map that would take him to his home, the castle of teeth.

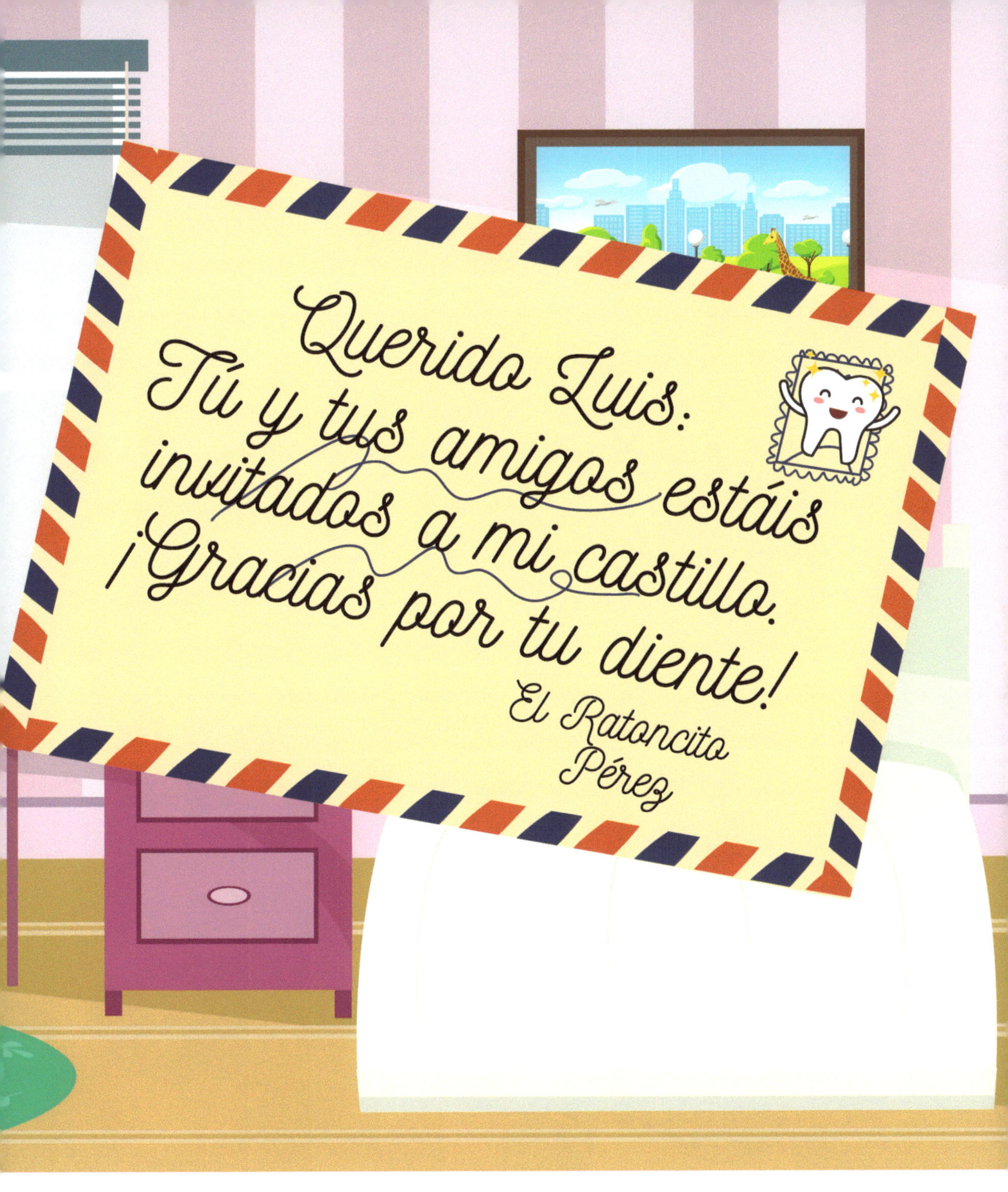

El mapa contenía una carta con una invitación para él y sus amigos.

The map had a letter with an invitation for him and his friends.

Todos estaban tan ilusionados... ¡Iban a conocer al ratoncito Pérez! ¡Qué alegría!

They were all very excited...They were going to meet Perez the little mouse. How fun!

Juntos, siguieron las instrucciones del mapa y...
¡Mira! ¡El castillo! ¡Ahí está! ¡Vamos, deprisa!

Together, they followed the map and...Look! The castle! It's there! Let's go! Hurry up!

Para llegar al castillo tenían que atravesar un puente colgante. ¡Qué valientes!

To get to the castle they had to go through a hanging bridge. They are so brave!

Era un gran castillo a lo alto de una montaña. Además no sabían era que dentro les esperaba otra sorpresa...

It was a huge castle on top of a mountain. They didn't know that there was a big surprise inside.

¡No puede ser! Papá Noel, el Conejo de Pascua y el Hada de los Dientes también estaban esperándoles.

I can't believe it! Santa, The Easter Bunny, and the Tooth Fairy were there waiting for them too.

Tenían muchas ganas de conocer a Pérez pero nunca se imaginaron algo así.

They were so excited to meet Perez but they never imagined something like this.

El ratoncito Pérez tenía un regalo para todos...
¡Claro! ¡Cepillos de dientes!

Pérez the mouse had a gift for everyone...
Of course! Toothbrushes!

¡Muchas gracias, ratoncito! Nos vamos a cepillar los dientes todos los días, te lo prometemos.

Thank you very much, little mouse! We are going to brush our teeth every day, we promise.

También todos recibieron otros regalos maravillosos por parte del conejo de Pascua y Papa Noel.

They also received other wonderful presents from the Easter Bunny and Santa.

¡Muchos huevos de chocolate! ¡Qué maravilla! ¡Perfecto para estrenar nuestros nuevos cepillos de dientes!

Lots of chocolate eggs! How great! That's perfect excuse to start using our new toothbrushes.

Pepe recibió un osito de peluche... ¡Es tan blandito!
Ana la rana recicibió un balón de fútbol.

Pepe got a teddy bear...it was so soft!
Ana the frog received a football.

A Marcelino el pingüino le regalaron una cometa, a Rafa la jirafa un xilófono y a Luis un patinete.

Marcelino the penguin got a kite. Rafa, the giraffe, got a xylophone, and Luis a scooter.

¡Qué bien se lo han pasado! Ahora,.. ¡A estrenar los regalos! Y por supuesto... ¡A comer chocolate! ¡Sí!

They had a great time! Now they can start using their presents! And of course, eat chocolate! Yes!

¿Cuál será la próxima aventura?
¡Pronto lo descubriremos!

What will be the next adventure?
We will find out soon.

Vocal

casa

sol

castillo

ardilla

árbol

unicornio

manzana

búho

fiesta

varita mágica

mapa

arcoiris

ulary

puente

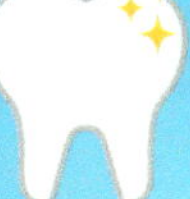
diente

río

hadas

bosque

cartas

nieve

Papá Noel

galletas

moneda

bailar

juguetes

Help Pepe and Ana to make magic and paint the apples.

Tres manzanas rojas

Dos manzanas amarillas

Tres manzanas rosas

Dos manzanas azules

Tres manzanas naranjas

Dos manzanas moradas

Many animals live in the forest. Find all of the owls and squirrels that live there.

¿Cuántas ardillas y cuántos búhos hay?

Hay .... ardillas

y .... búhos.

Find and circle the 10 differences

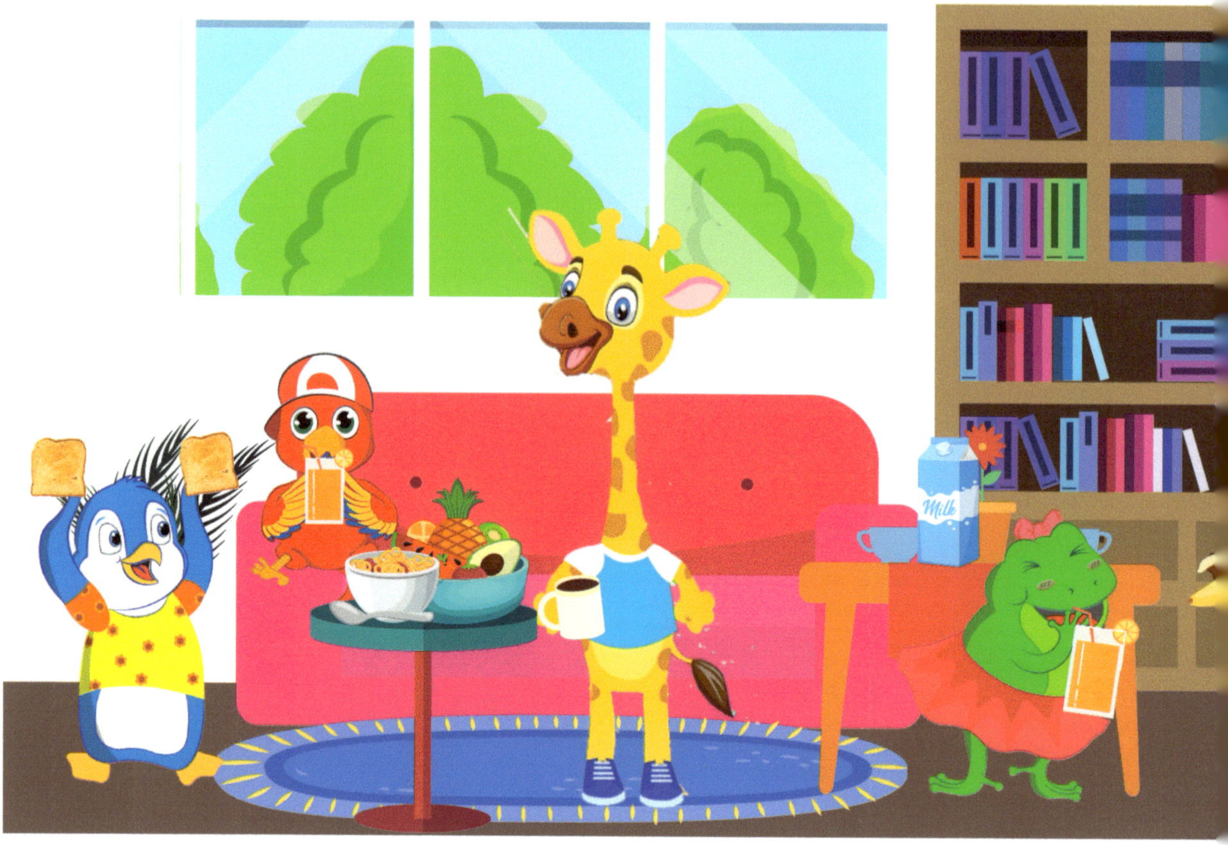

Circle the food that you normally have for breakfast.

Tostadas

Cerelaes

Zumo de naranja

Huevos fritos

Hamburguesa

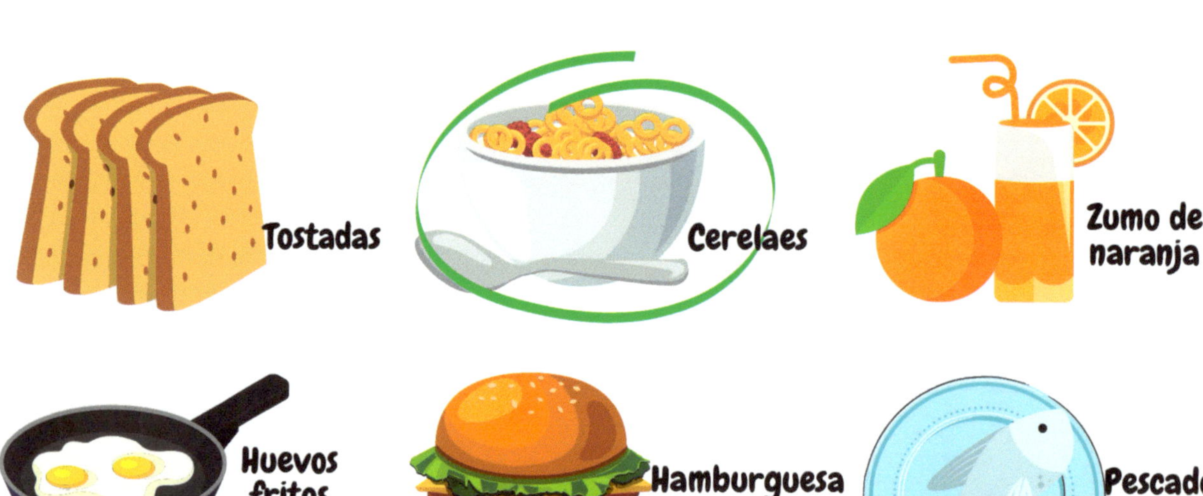

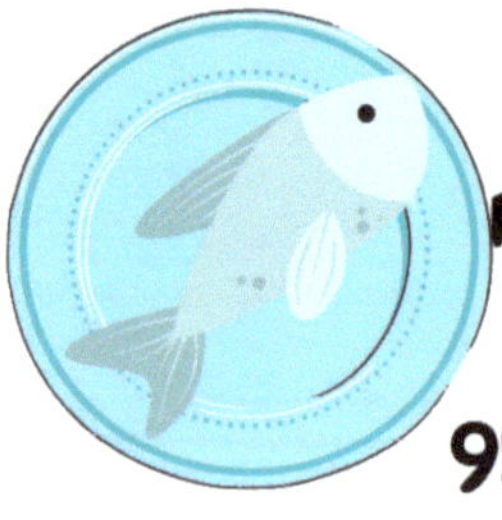

Pescado

Let's have breakfast! What are Pepe and his friends having?

Galletas

Fruta

Patatas fritas

Ensalada

Espaguetis

Leche

Cut out the characters and items that appear in the story and paste them on the posters.

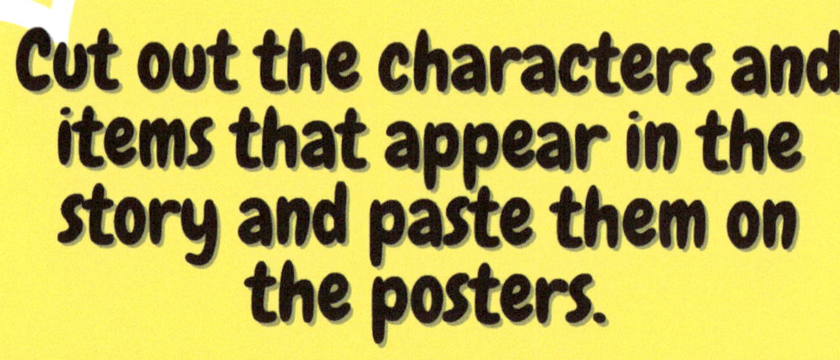

WE RECOMMEND SCANNING AND PHOTOCOPYING THE BOOK TO BE ABLE TO DO THE ACTIVITY SEVERAL TIMES IN DIFFERENT WAYS.

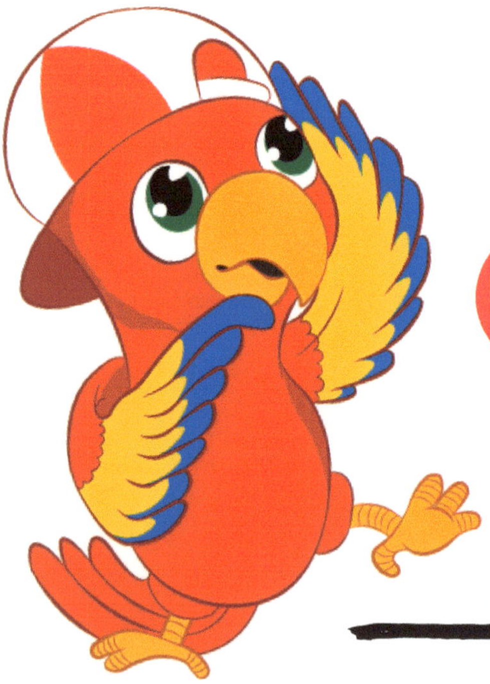

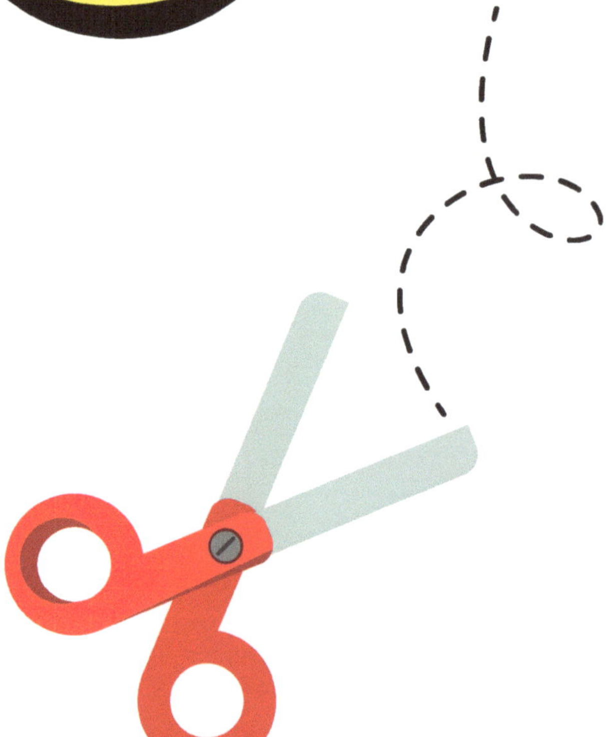

www.ingramcontent.com/pod-product-compliance
Ingram Content Group UK Ltd.
Pitfield, Milton Keynes, MK11 3LW, UK
UKHW060116300726
14090UKWH00002B/223

* 9 7 8 1 8 3 8 0 7 6 9 2 4 *